ACADEMI BENWAN Y CYFANSODDWYR

Mark Llewelyn Evans
Lluniau gan Karl Davies
Addasiad gan Anwen Pierce

GRAFFEG

Ciao ragazzi, croeso 'nôl!

Neu, os ydych chi'n newydd i ABC yr Opera, ***PRESTO, PRESTO***, a dyma ***ALLEGRETTO*** bach i roi cefndir ein stori hyd yn hyn.

Jac a Megan, o Bontirgorffennol, yw arwyr yr opera wedi iddyn nhw ddod o hyd i'm ffrind annwyl, Cist, yn hen neuadd y pentref. Gall Cist deithio trwy amser, ac aeth â'r plant 'nôl trwy'r canrifoedd ata i, yma i'r Eidal yn 1597, i gartref Academi Benwan y Cyfansoddwyr, a fy **Baa-rocwyr** BENDIGEDIG!!!

Scuzi, dwi ddim wedi cyflwyno fy hun – *mio* yw **DYFEISIWR YR OPERA**, Professore Peri, ond gallwch ddarllen amdanaf a'r criw yn BARÓC, lle mae **Cromwell Creulon** a'i filwyr reit **filain** yn ceisio dinistrio ein cerddoriaeth. Bu Jac a Megan yn ddewr iawn yn rhoi'r bwli yn ei le a'i rwystro, gan addo mynd â'n straeon a'n cerddoriaeth gyda nhw i'r dyfodol.

Mae opera wedi goroesi sawl rhyfel, pla, llifogydd, daeargryn – a hyd yn oed pandemig – ond os nad oes neb yn gwrando ar ein cerddoriaeth, byddwn yn diflannu i Abergofiant ... a does neb am fynd i fan'no!

Heddiw, mae Jac a Megan ar fin mynd ar eu hantur *secondo* gyda'r **cyfansoddwyr clasurol cyffrous**.

POB LWC, FY ARWYR OPERA!

Con affetto,

Professore Peri

Geiriau Eidaleg

Ciao – helô
Ragazzi – plant
Presto – yn gyflym
Allegretto – ar gyflymder eithaf bywiog
Scuzi – esgusodwch fi
Mio – fi
Secondo – ail
Con affetto – gyda chariad

ABC yr Opera, Academi Benwan y Cyfansoddwyr: Clasurol.

Cyhoeddwyd ym Mhrydain yn 2021 gan Graffeg Cyf.

ISBN 9781913634254

Testun gan Mark Llywelyn Evans, hawlfraint © 2021. Lluniau gan Karl Davies, hawlfraint © 2021. Deunydd ychwanegol gan Lorraine King. Geiriau ychwanegol gan Victoria Joyce. Addasiad Cymraeg gan Anwen Pierce.

Cynlluniwyd a chynhyrchwyd gan Graffeg Cyf., hawlfraint © 2021.

Graffeg Cyf., 24 Canolfan Fusnes Parc y Strade, Heol Fwrwg, Llangennech, Llanelli. Sir Gaerfyrddin SA14 8YP. Cymru, DU. Ffôn: 01554 824000. www.graffeg.com.

Mae Mark Llywelyn Evans a Karl Davies wedi datgan eu hawl, yn unol ag adran 77 o Ddeddf Hawfraint, Dyluniadau a Phatentau 1988, i gael eu cydnabod fel awdur a darlunydd y llyfr hwn.

Mae cofnod catalog CIP y llyfr hwn ar gael o'r Llyfrgell Brydeinig.

Dymuna'r cyhoeddwr gydnabod cymorth ariannol Cyngor Llyfrau Cymru. www.gwales.com

1 2 3 4 5 6 7 8 9

Fersiwn Saesneg:
ABC of Opera – Classical
ISBN 9781912213870 £7.99

Fersiynau e-lyfr:
ABC yr Opera – Clasurol (e-lyfr)
ISBN 9781914079016 £7.99

ABC of Opera – Classical (e-lyfr)
ISBN 9781913733988 £7.99

Adnoddau Addysgu:
www.graffeg.com/pages/teachers-resources

CYNNWYS

PENNOD 1

Taith yr Ysgol

Clywodd **Jac** **staccato** byr, brysiog ar y drws ffrynt. Gwibiodd i lawr canllaw'r grisiau â *glissando*, gan osgoi ei fam-gu o drwch blewyn. Ei ffrind gorau, **Megan**, oedd yno.

'Bore da, Jac. Wyt ti'n barod am y daith i'r amgueddfa?' holodd Megan, a'i llygaid yn llawn cyffro.

'Ydw, dwi'n barod ers oes,' meddai Jac yn gelwyddog, gan glymu careiau ei sgidiau ar ras.

'Bant â chi, ond byddwch yn ofalus – gall pob math o bethau ddigwydd yn yr amgueddfa,' meddai mam-gu Jac wrthyn nhw, â gwên fach ddireidus.

'Beth mae'n feddwl, **"GALL POB MATH O BETHAU DDIGWYDD"?**' holodd Megan wrth i'r ddau gerdded tua'r ysgol.

'Dim syniad. Hen lefydd diflas yw amgueddfeydd!' atebodd Jac.

'Ry'n ni'n mynd i'r **Amgueddfa Hanes Naturiol** yn Llundain, Jac! Mae popeth yno – o ddeinosoriaid i ddiamwntau! Falle fydd yna hen gist ...'

'Stopia siarad am yr ABC,' cwynodd Jac. 'Addawodd Cist y byddai'n dod 'nôl, ond dyw e'n dal heb wneud.'

'Daw Cist pan fydd e angen ein help ni, dwi'n siŵr.'

'Wir?' holodd Jac.

Staccato – byr a sydyn, fel sŵn pig cnocell y coed yn taro coeden.
Glissando – Un sleid hiiiiir rhwng dau nodyn, am i fyny neu am i lawr.

Roedd Jac yn dal yn edrych yn ddigalon wrth iddyn nhw basio hen neuadd Pontirgorffennol, lle dechreuodd eu hanturiaethau opera. Cyrhaeddodd y ddau yr ysgol fel roedd Mr Williams, yr athro, yn hel y plant olaf ar y bws.

'**Llundain** amdani!' cyhoeddodd, a dechreuodd y bws ar ei daith.

PENNOD 2

Yr Amgueddfa

Gwasgodd y plant eu trwynau at ffenestri'r bws er mwyn gweld y ddinas fawr, gan syllu ar yr adeiladau enwog roedden nhw wedi'u gweld mewn llyfrau neu ar y teledu: yr **Olwyn Fawr** ar lan yr afon, tŵr a chloc **Big Ben**, **Palas Buckingham** (ond doedd dim sôn am y Frenhines na'r corgis), **Sgwâr Trafalgar** prysur, ac yn olaf, yr **Amgueddfa Hanes Naturiol** grand.

'Wwwwww,' meddai'r plant mewn syndod.

'Byddai ein stryd gyfan ni'n ffitio yn hwn'na'n hawdd,' meddai Jac.

Wrth i'r plant ddod oddi ar y bws, atgoffodd Mr Williams nhw fod angen iddyn gadw gyda'i gilydd a pheidio crwydro, am fod yr amguedda'n lle anferth a phrysur.

Mae'r **Amgueddfa Hanes Naturiol** yn Llundain. Agorwyd drysau'r amgueddfa am y tro cyntaf yn 1882, ond gwaith Syr Hans Sloane 'nôl yn 1752 oedd cychwyn y cyfan. Roedd Syr Hans yn feddyg ac yn deithiwr brwd. Casglodd bob math o bethau ar ei deithiau ledled y byd. Pan fu farw, rhoddodd ei gasgliad cyfan i ddinas Llundain.

Ffaith ffraeth: Mae Syr Hans yn fwy enwog am ddod â rysait yn cynnwys siocled o Jamaica – gwych! Ydech chi'n cofio beth ddigwyddodd i Purcell Perffaith a'i hoffter o siocled yn llyfr cyntaf ABC?

'Syr, ife **morfil** yw hwn'na?' gwaeddodd Tomi, gan bwyntio at sgerbwd **ENFAWR** oedd yn hongian o'r to. 'Welais i un tebyg yng Nghaerdydd!'

'Ie, morfil glas yw hwn, y mamolyn mwya fu erioed, ac mae gan yr amgueddfa yng Nghaerdydd sgerbwd morfil cefngrwn,' esboniodd Mr Williams. 'Dewch, blant, i ni gael mynd o'r morfil glas i'r ardal las.' Gwyddai'r plant beth oedd i'w weld yn **ardal las yr amgueddfa: DEINOSORIAID**.

'Syr, mae ofn arna i,' sibrydodd un o'r plant.

'Does dim angen poeni,' meddai Mr Williams. 'Er bod modelau i'w gweld yn Danyrogof, does yr un deinosor go iawn wedi bod ar y Ddaear ers 140 miliwn o flynyddoedd ... a mwy.'

140 miliwn o flynyddoedd? meddyliodd Jac. Doedd hyd yn oed Mam-gu ddim ar y Ddaear bryd hynny!

Roedd pawb yn dawel wrth iddyn nhw fynd i'r ardal las a **chyfnod y Jurasig**, ond taniwyd eu dychymyg ymhen dim gan y creaduriaid cynhanesyddol.

'Tyranosorws Rex, syr!' gwaeddodd un.

'Syr, syr, **treiseratops** yw hwn'na. Mae'n llysieuwr – fel Dad!'

'Ti'n llygad dy le. **Llysysoriaid** ry'n ni'n eu galw,' esboniodd Mr Williams. 'Edrychwch, bawb, **Sgolosawrws** ... **GRRRRRRRRR!**' meddai wedyn, gan droi ei ddwylo'n grafangau a neidio o un droed i'r llall.

Wrth i gyffro'r plant dyfu, tyfu hefyd wnaeth y dyrfa yn yr amgueddfa, a chyn bod neb yn medru dweud **Gasosawrws**, roedd Jac a Megan ar goll.

'Jac, dwi'n methu gweld gweddill y dosbarth yn unman. Lle aeth pawb?' Trodd Megan o'i chwmpas.

'Megs, dere ffordd hyn!' galwodd Jac.

Roedd y gasosawrws, neu'r fadfall nwyol, yn byw yn China 170 miliwn o flynyddoedd yn ôl. Rhaid ei fod yn greadur drewllyd iawn ...

PENNOD 3

Ffeindio Hen Ffrind

Dilynodd Megan lais Jac i ardal arall o'r amueddfa – ardal y gemwaith. Roedd gemau yma o bob lliw a llun, gan gynnwys ambell feteor du, du o alaeth bell, bell.

'Www, dwi yn y gofod,' gwaeddodd Jac, gan fownsio o un droed i'r llall fel petai'n ofodwr, yn chwifio eich freichiau o'i gwmpas.

'Gwylia, Jac, mae 'na bethau gwerthfawr iawn fan hyn.'

Wrth i Megan ei rybuddio, simsanodd Jac a syrthio am yn ôl ... gan daro yn erbyn un o'r cypyrddau gwydr. Ychydig a wyddai ei fod wedi deffro hen ffrind ...

Teyrnasodd Brenin George III rhwng 1760 a 1829 (sef y cyfnod Clasurol). Carai wyddoniaeth a'r celfyddydau, a daw nifer o gasgliadau'r amgueddfa o'r cyfnod hwn.

TAP TAP TAP . . .
TAP TAP TAP – – –
TAP TAP TAP . . .

'Beth wyt ti wedi'i wneud? Dywedais i wrthot ti am fod yn ofalus,' sibrydodd Megan.

TAP TAP TAP TAP TAP TAP TAP TAP TAP.

. . . – – – . . .

'Aros eiliad, neges S.O.S, yw hwn'na, ac mae'n dod o'r cwpwrdd!' meddai Jac.

Camodd y ddau yn ofalus a syllu y tu mewn.

'Does bosib ...' meddai Megan.

'CIST!' gwaeddodd Jac, yn gyffro i gyd.

Dyfeisiwyd **cod Morse** yn y 1830au gan Samuel Morse (1791–1872). Mae'n system sy'n defnyddio dotiau a dashiau i gynrychioli rhifau, atalnodi a'r wyddor, ynghyd â pheiriant o'r enw telegraff i anfon neges ar wifrau trwy gyfrwng signalau trydanol. Cyflymodd hyn y broses o ledu newyddion i bapurau newydd, i fusnesau ac eraill.

'Pam mae Cist mewn cwpwrdd sydd mewn arddangosfa?' holodd Megan.

'Dere â'r morthwyl sydd wrth y larwm tân, a thorri'r gwydr!' mynnodd Jac.

Heb feddwl ddwywaith, trawodd Megan y gwydr â'i holl nerth, gan ei CHWALU'N deilchion. Seiniodd pob larwm o'u cwmpas.

'A-ha! O'r diwedd! Ro'n i'n gwybod y byddech chi'n llwyddo!' meddai Cist, gan ysgwyd y darnau gwydr o'i gaead.

'Ro'n i'n meddwl dy fod wedi anghofio amdanon ni!' meddai Jac.

'ANGHOFIO AMDANOCH CHI? **Byth!'** atebodd Cist. 'Des i i Lundain i achub rhai o **lawysgrifau Haydn ar Hast** a galw heibio i'r amgueddfa, ond ces i fy nghloi yma ar ddamwain! Rhaid i mi fynd â'r llawysgrifau 'nôl i'r Academi neu fydd hi ar ben ar y cyfnod Clasurol!'

'Pwy yw Haydn ar Hast?' holodd Jac.

'A beth yw'r cyfnod Clasurol?'

'Well i chi ddod efo fi i weld,' gwaeddodd Cist dros sŵn *forte* y larwm. 'Dewch, glou, mae 'na ddrws fan hyn,' meddai wedyn, yn dawelach mewn *pianissimo*, wrth iddo drio tanio'i injan.

'O daro laro paro pw, does gen i ddim hwff na phwff. **Neidiwch i mewn, fy arwyr!'** gwaeddodd Cist, yn ***espressivo***.

Ymestynnodd ei fwstás hir, **troellog**, a thaflu pob pen iddo i'r awyr, un i'r dde a'r llall i'r chwith. Troellai'r ddau yn gynt ac yn gynt, fel llafnau hofrenydd, ac yn union fel hofrenydd, cododd Cist i'r awyr.

Forte – yn uchel.
Pianissimo – shh tawel.
Espressivo – yn llawn teimlad ac angerdd.

‘STOP!!!!!!!!’ gwaeddodd un o’r staff diogelwch wrth ruthro i’r stafell.

‘Dim gobaith caneri – ry’n ni ar ein ffordd i’r ABC. *Adios*!’

WWWWWWWHHHSHSHSHSHSH!!!!!!!

Adios – ‘hwyl fawr’ mewn Sbaeneg.

PENNOD 4

Clasurwyr Cyffrous

'Dwi'n ysu am weld y Professore eto,' meddai Jac gan wenu.

'Dwi'n gobeithio na wnaeth yr un o'r Barocwyr orfod mynd i Abergofiant am fod pawb wedi anghofio amdanyn nhw,' ychwanegodd Megan.

'Na, aeth neb i Abergofiant, diolch i chi'ch dau,' meddai Cist.

'Dywedon ni wrth bawb yn Ysgol Pontirgorffennol am yr opera yn ein cyngerdd,' meddai Megan yn falch. 'A mam-gu Jac oedd seren y sioe!'

'Sôn am embaras,' atebodd Jac.

'Tasgodd ei dannedd o'i cheg pan ganodd hi'r **nodau uchel** ... a glanio ar gôl fy athrawes. Roedd e mor ddoniol!' esboniodd Megan.

'Ha ha, fydden i wedi chwerthin yn *giocoso* taswn i yno!' chwarddodd Cist. 'Wel, mae'n amser am eich ail antur gerddorol – y Clasurol – byd **Tortellini Rossini, Beethoven Blin, Wolfgang Wyntog, Haydn ar Hast** ... mae'n ***FABELHAFT!***'

'Meg, edrycha – yr Academi!' gwaeddodd Jac gyda chymaint o gyffro nes iddo bron â syrthio i'r llawr.

'Mae'n edrych yn wahanol y tro hwn,' meddai Megan.

'Wel, ry'ch chi ar fin mynd i fyd y Clasurol, cofiwch. Mae'n wahanol i'r **Baa-Róc**. Dyw e ddim mor ffansi, ddim cymaint o ffrils. Daeth llawer o ysbrydoliaeth y cyfnod Clasurol o'r **Groegiaid** a'r **Rhufeiniaid**.'

Joseph Haydn ddyfeisiodd y pedwarawd llinynnol.

Dyfais disglair arall o'r cyfnod Clasurol yw'r balŵn aer poeth, ddyfeisiwyd gan y ddau frawd o Frainc, Joseph-Michel a Jacques-Étienne Montgolfier ar 19 Medi 1783.

Barocwyr – y cyfansoddwyr o'r cyfnod Baróc.
Giocoso – term cerddorol yn golygu bywiog, chwareus.
Fabelhaft – 'gwych' mewn Almaeneg.

'Dyfeisiodd y Rhufeiniaid a'r Groegwyr gymaint o bethau cŵl,' meddai Megan.

'Yn hollol. Eu syniadau nhw fu'n gyfrifol am sawl peth ym myd llenyddiaeth, celf, pensaernïaeth a hyd yn oed y theatr,' cytunodd Cist.

'Felly, nhw ddechreuodd ein taith i fyd yr opera!' meddai Jac.

'Cist, ai ffair yw hwn'na?' holodd Megan, gan edrych i lawr ar yr Academi. 'Mae'n debyg i Borthcawl!'

'Ie, o ryw fath. Mae'r Clasurwyr Cyffrous wedi dyfeisio cymaint o offerynnau newydd, awgrymodd y Professore gael **carwsél clarinét**, **olwyn fawr corn Ffrengig**, **waltsers offerynnau chwyth**, a **THRÊN SGRECH**, wrth gwrs, yn yr Academi.'

Yn sydyn, dechreuodd dau ben mwstás Cist smicio a wincio.

'Ydech chi'n gwynto rhywbeth?'

'Mae fel arogl lasagna i fi,' meddai Megan.

'Laaaaaaaaaaaaasagna,' ochneidiodd Cist gan glafoerio. Caeodd ei lygaid a ffroeni'r awyr.

'CIST, GWYLIA!!!' gwaeddodd y plant.

BOING!! Neidiodd Cist wrth iddo daro'r trampolîn timpani, gan luchio pawb mor uchel i'r awyr roedden nhw'n hanner disgwyl glanio yn ôl yn yr amguedda. Gwibiodd y tri o amgylch y troellwr trwmped, a glanio o flaen drysau ffrynt yr Academi, wrth i neb llai na Professore Peri ddod allan i gwrdd â nhw.

'*Ciao, ragazzi! Bravi*, daethoch chi 'nôl, **Jac** a **Megan!**' gwaeddodd yn llon. '*Gracie* am rannu ein cerddoriaeth a'n straeon. Fe wnaethoch chi waith *grande*. Lle ffeindioch chi Cist y tro hwn?' holodd, a'i lygaid yn disgleirio.

'Yn yr **Amgueddfa Hanes Naturiol** yn Sgwâr Trafalgar,' atebodd Jac.

'Ah, Londra! Big Ben, Sgwâr Trafalgar ... pw colomennod!' chwarddodd Peri, gan ddal ei drwyn. 'Ydi Cist wedi esbonio eich bod wedi dod i'r cyfnod CLASUROL?'

Nodiodd y ddau eu pennau'n frwd.

'Fantastici! Fy AMICO Haydn ar Hast yw'r dyn i roi'r hanes i gyd i chi. Dylen ni fedru dod o hyd iddo ar y CARWSÉL CLARINÉT, ond rhaid i mi eich rhybuddio, mae'n hoffi tynnu coes. Wythnos diwetha fe dorrodd blethen o wallt un o'r cyfansoddwyr, felly byddwch yn ofalus,' meddai Peri.

Edrychodd Megan yn ofidus.

Wyddost ti?

Mae miniwét a thrio Haydn yn swnio'n union yr un fath wrth ei chwarae am yn ôl ag yw e wrth ei chwarae'n arferol. Am glyfar! Fedri di feddwl am air sydd yr un peth o'i ddarllen am ymlaen ac am yn ôl? Palindrom yw'r enw ar y rhain.

Gracie – 'diolch' mewn Eidaleg.
Bravi – 'da iawn' mewn Eidaleg. *Amico* – 'ffrind' mewn Eidaleg.

'Cofiwch, wigs sydd ganddyn nhw i gyd, felly dydi o ddim yr un fath â thorri gwallt go iawn,' meddai Cist wrthi, i'w chysuro.

'***Guten tag***, Jac a Megan! **Croeso i'r cyfnod Clasurol**,' meddai dyn wedi'i wisgo'n drwsiadus.

Roedd yn amlwg fod hwn wedi bod i siop trin gwallt go wahanol i'r Barocwyr – roedd ei wallt (wig â phowdr gwyn drosto) wedi'i glymu 'nôl yn daclus ac edrychai fel petai ganddo ddwy selsigen uwchben pob clust.

'Eich llawysgrifau, Maestro,' meddai Cist, gan godi'i gaead.

'***Danke***, Cist, diolch. Gwell hwyr na hwyrach!' Trodd at y plant a chyflwyno'i hun. 'Herr Haydn ar Hast, crëwr y pedwarawd llinynnol, y simffoni, prif gyfansoddwr y cyfnod Clasurol, ac *ich bin* yn barod i ddweud y stori gyfan i chi.'

Syms a Seiniau

2 guriad sydd i'r **minim** 𝅗𝅥

4 curiad sydd i'r **hanner brîf** 𝅝

1 curiad sydd i'r **crosiet** ♩

½ curiad sydd i'r **cwafer** ♪

Rho gynnig ar y syms yma:

𝅗𝅥 + 𝅝 =   ♩ + 𝅝 =

♩ + 𝅝 + ♪ =

Guten tag – 'helô' mewn Almaeneg.
Danke – 'diolch' mewn Almaeneg.
Ich bin – 'rwyf i' mewn Almaeneg.

'Mae'n braf cael cwrdd â chi, **Herr Haydn**. Ydi'r cyfnod **Clasurol** mor gyffrous â'r **Baróc**? Roedd hwnnw'n boncyrs!' chwarddodd Jac.

'Mae Clasurol yn fwy o **hwyl**, yn fwy **dramatig** a **chyffrous** na Baróc. Ddysgon ni bopeth gan y Barocwyr, a'i wella, yn fy marn i,' meddai Haydn â gwên smala.

Y tonau oedd yn bwysig i ni, *ja*! Tonau y medrwch eu hymian *und* eu canu drwy'r dydd. Roedd y tonau'n fwy syml, ond roedd y sain yn gynhesach ac yn uwch wrth i'r gerddorfa dyfu ... fel fy waled i!'

'Dywedodd Cist eich bod wedi dyfeisio offerynnau newydd,' meddai Jac.

'*Ja*, y **clarinét** *und* y **pianoforte**, zo ta ta harpsicord! Fe wellon ni'r trwmped, y ffliwt a – **bwm bwm** – y timpani,' esboniodd Haydn, gan chwifio ei freichiau fel petai'n taro drwm.

'Pam ydech chi'n cael eich galw'n Haydn ar Hast?' holodd Megan, gan blygu i osgoi ei ddwylo bywiog.

'*Ich bin* yn ddyn prysur, wastad yn rhuthro o un lle i'r llall. A phan *ICH BIN* ddim wrthi'n cyfansoddi, dwi'n dysgu.'

'Rwyt ti wedi helpu sawl cyfansoddwr clasurol dros y blynyddoedd, fel **Beethoven Blin**,' meddai Peri.

'*Ja*, roedd Beethoven yn waith caled, ac fe fuodd e'n ddigywilydd yn dweud na ddysgais i ddim iddo! Ond mae'n **athrylith**, yn bendant.'

'Dwi'n siŵr bod fy athro'n meddwl 'mod i'n waith caled hefyd,' meddai Jac.

Yn 1766, dim ond 17 offerynnwr oedd yng ngherddorfa Haydn, ond erbyn 1795, roedd hi wedi tyfu deirgwaith yn fwy! Faint o offerynwyr oedd yn y gerddorfa yn 1795?

Cyflwynodd Beethoven ei Sonatas Piano Op.2 i Haydn.

Pianoforte – offeryn llawfwrdd – piano yw'r enw arno erbyn hyn, wrth gwrs!

Pan oedd Haydn yn 29 oed, cyflogwyd ef gan deulu'r Esterházy, un o deuluoedd mwyaf cyfoethog Ewrop, ac arhosodd efo'r teulu hwn am 30 mlynedd, yn cyfansoddi'r rhan fwyaf o'i gerddoriaeth ar eu cyfer.

Cyfansoddodd Haydn 107 simffoni, 83 pedwarawd llinynnol, 45 triawd piano, 62 sonata i'r piano, 14 offeren a 26 opera. Roedd yn arbennig o falch o lwyddiant Beethoven.

'Mae fy hoff ddisgybl, Wolfgang Wyntog, hefyd wedi dod yn ffrind arbennig, *und* mae e'n dod o Awstria!' meddai Haydn.

'Wyt, rwyt ti'n hoff iawn o **Mozart**,' cytunodd Cist.

'Dyw Mozart ddim yma heddiw. Dyna drueni. Mae wedi taro adre i Salzburg,' meddai Haydn.

'Ble mae Salzburg?' holodd Jac.

'Yn Awstria,' atebodd Haydn. '*Und* **FI** gyfansoddodd anthem genedlaethol Awstria i fy ffrind annwyl, Francis yr Ail, ymerawdwr Habsburg. Mae hi hefyd yn anthem genedlaethol yr Almaen erbyn hyn.'

'Mae Salzburg yn yr Alpau,' esboniodd Peri, 'a daw'r ddawns urddasol honno, y **walts**, o Salzburg.' Gafaelodd Peri yn Haydn ar Hast, a dechrau dawnsio.

'1, 2, 3 . . . 1, 2, 3 . . . 1, 2, 3 . . .' canodd y ddau wrth chwyrlïo o amgylch y plant. Ymunodd Jac a Megan yn y ddawns.

'Mae'r ddawns yma'n reit wahanol i'r twmpath,' chwarddodd Megan wrth iddyn nhw droelli.

'Dwi'n awgrymu eich bod yn gwibio i Salzburg ac yn taro heibio Mozart – mae'n rhaid i chi gwrdd ag e,' awgrymodd Haydn.

'Bydd e'n dwlu arnoch chi!' meddai Peri. 'Peidiwch ag oedi!'

'I mewn â chi!' meddai Cist.

Cwrddodd Haydn a Mozart adeg y Nadolig, 1783.

Dawns boblogaidd iawn yw'r walts. Mae'n rhaid cyfri i dri wrth symud, ac mae angen cymryd cam, sglefr fach, a cham, gan gadw at y curiad 1,2,3 ... 1,2,3.

Mewn dim o dro roedden nhw'n **Plymio a chodi** rhwng copaon gwyn yr **Alpau**, a dechreuodd Cist ar ei daith i lawr tuag at strydoedd cul Salzburg, a edrychai'n wahanol iawn i dref Pontirgorffennol.

Roedd y ddinas yn llawn tai crand wedi'u peintio mewn lliwiau bywiog – **glas**, **oren** a **phinc**. Clywai'r plant sain cerddoriaeth o'u cwmpas ym mhobman, yn eu croesawu. Disgleiriai adlewyrchiad to copr gwyrdd yr eglwys gadeiriol ar y strydoedd a'u cobyls, ond arogl y *strudel* afalau poeth dynnodd sylw Cist.

'O mam bach, gwylia, Cist!' gwaeddodd Megan.

Ond roedd hi'n rhy hwyr. Doedd dim allai dynnu sylw Cist o'r arogl, ddim hyd yn oed streipiau baner liwgar Awstria oedd reit o'u blaen.

'O, mae'n ddrwg gen i,' ymddiheurodd Cist wrth i'r tri lanio'n galed – THYD – a datod eu hunain o blygion y faner.

'A-ha, rhif 9 Getreidegasse,' meddai Cist. 'O leia dwi wedi dod i'r lle iawn tro 'ma.'

Ganwyd Wolfgang Amadeus Mozarth yn rhif 9 Getreidegasse, ar 27 Ionawr, 1756. Bu'r teulu'n byw ar drydydd llawr y tŷ am 26 mlynedd, o 1747 ymlaen. Mae'r tŷ yno o hyd, wedi'i baentio'n felyn llachar, ac mae miloedd o bobl o bedwar ban byd yn ymweld â'r lle – a phawb am weld cartre'r athrylith cerddorol.

Cyfansoddodd Haydn 340 awr o gerddoriaeth – mwy na Beethoven, Mozart, Handel a Bach. Haydn oedd seren roc ei gyfnod!

PENNOD 5

Wolfgang Wyntog

'Curwch y drws a gofyn am **Johannes Chrysostomus Wolfgangus Theophilus Mozart,'** meddai Cist wrth y plant.

'Pwy?' holodd Jac.

'Hola am **Wolfgang**,' meddai Cist. 'Mae'n hyfryd.'

Cerddodd Jac a Megan at ddrws y tŷ melyn a churo'n gadarn ar y drws mawr pren. Fel jac yn y bocs, agorwyd y drws a daeth bachgen ifanc, golygus i'r golwg yn cario ci o dan ei gesail.

'Aaa, *willkommen, meine freunde*! Mae'n hyfryd dy weld eto, Cist!'

'Dyma fy ffrind annwyl Amadeus Mozart, neu Wolfgang Wyntog, fel ry'n ni'n ei alw,' meddai Cist wrth gyflwyno ei ffrind i'r plant.

'Mae'n rhaid mai chi yw Jac a Megan!' meddai Mozart, gan neidio mewn cyffro.

'Mae **Professore Peri a fy ffrind mawr Haydn ar Hast** wedi sôn llawer amdanoch, a'ch ymdrech i helpu cadw cerddoriaeth yn fyw am byth. Dewch i mewn!'

Arweiniodd y bachgen ifanc y criw ar hyd coridor cul ac i fyny'r grisiau at stafell ar y trydydd llawr. Gan ruthro drwy'r drws fel cath chwareus, rhedodd Wolfgang yn syth at yr **harpsicord**, a dechrau canu ...

Môts-art yw'r ffordd i ynganu Mozart.

Willkommen, meine freunde! – 'croeso, fy ffrindiau' mewn Almaeneg.

Myfi yw Mozart, wele fi,
Ac rwyf yn gerddor mawr o fri.
Yn ddim o beth, ro'n i'n cael mynd
I'r llysoedd crand, yn wir fy ffrind.
Cewch simffoni, a chân lawn ias,
Gan hen frenhines greulon, gas!
Daw'r nodau'n hawdd, mae gen i ddawn,
Rwyf bob tro'n ennill marciau llawn.

Dwi'n well na'r lleill, mae hynny'n ffaith –
Mor goeth, mor gywrain yw fy ngwaith.
Daw dagrau, gwên, a bloedd fawr groch ...
Mae'r jôcs yn medru bod yn goch!
Ond gwyliwch, bois, rwyf i mor hy,
Daw chwerthin a daw dagrau'n llu.
Daw'r nodau'n hawdd, mae gen i ddawn,
Rwyf bob tro'n ennill marciau llawn.

Wrth i Cist a'r plant guro eu dwylo, daeth merch ychydig yn hŷn na Mozart a rhoi'i phen rownd ymyl y drws. Roedd ei gwallt melyn yn bentwr ar dop ei phen, fel candi-fflos.

'O mam bach, edrycha ar y gwallt yna!' meddai Megan yn ddifeddwl.

'A-ha, *ja*, dyma fy chwaer Nannerl. Mae ei gwallt yn fawr am fod ei hymennydd hi mor fawr! Mae hi hefyd yn cyfansoddi, ac mae'n wych!' meddai Mozart yn falch.

Yn sydyn, safodd Mozart yn stond fel cerflun. Yna, dechreuodd ei stumog **chwyddo'n fawr**, yna'n fwy ac yn fwy! **Chwyddodd ei lygaid**, yna dyma nhw'n croesi, ac aeth ei fochau'n goch ac yn grwn fel dau **domato** aeddfed.

'Gewch chi weld pam ei fod yn cael ei alw'n Wolfgang Wyntog,' meddai Cist.

'Ewch i guddio!' gwaeddodd Nannerl, gan dynnu Jac a Megan y tu ôl i'r harpsicord.

Fel llosgfynydd yn ffrwydro, trawodd Wolfgang rech nes bod y stafell yn diasbedain. A doedd dim stop arno ... daeth rhech ar ôl rhech ar ôl **rhech**, a doedd dim stop ar chwerthin Jac, chwaith. Yn wir, roedd pawb yn chwerthin, heblaw am Nannerl, ond wedi cael llond bol ar gastiau gwyntog ei brawd.

Doedd gan Mozart ddim cathod ond roedd yn caru anifeiliaid. Roedd ganddo anifeiliaid anwes, gan gynnwys dau gi. Un o hoff bethau Mozart oedd ymddwyn fel cath ... pawb at y peth y bo.

Weithiau byddai Mozart yn gofyn i'w gantorion ganu grwndi yn lle nodau yn ei operâu. Perrrrffaith!

'Wolfgang!' dwrdiodd Nannerl.

'Sorri,' meddai'r crwtyn gwyntog.

'Dwi'n gallu gwneud synau eraill,' meddai wrth y criw. 'Dwi wedi cyfansoddi dros **600** o ddarnau o gerddoriaeth.'

'Paid â chanmol dy hun cymaint, Wolfgang! Cofia am dy apwyntiad yn Fienna,' meddai Nannerl wrtho. 'Byddi di'n hwyr. Ac mae hwn yn apwyntiad pwysig – efo'r *Habsburgs*.'

'O *ja*, rhaid i mi ganu'r piano i'r Ymerawdwr Rhufeinig Sanctaidd, dyn pwysica'r teulu.'

'Cist, gawn ni fynd â Mozart a chwrdd â'r teulu?' holodd y plant.

'Teulu'r Habsburgs yw un o brif deuluoedd y byd. Mae angen eu parchu! Dylen ni fynd yn ôl i'r Academi,' mynnodd Cist.

'Ond gall Mozart ddim fod yn hwyr i'r apwyntiad,' llediodd Megan.

'O, o'r gorau. Fienna amdani, dinas breuddwydion,' meddai Cist o'r diwedd.

'Hwrêêêêêêêêêêê!' gwaeddodd Mozart, gan daro rhech arall.

Roedd **Maria Anna Walburga Ignatia Mozart** (1751–1829) yn un Mozart talentog arall. Dechreuodd Nannerl, (sef ei llysenw), ganu'r harspicord pan oedd hi'n 7 oed, a theithiodd gyda'i brawd bach a'u tad i ddinasoedd fel Fienna a Pharis. Ond priodas ac nid cerddoriaeth oedd bwriad y teulu ar ei chyfer, a rhwystrwyd hi rhag canu'r harpsicord. Mae tystiolaeth yn llythyrau'r teulu yn dangos bod Nannerl wedi cyfansoddi sawl darn hefyd, a'u canmol gan Wolfgang, ond does yr un ohonyn nhw wedi goroesi, gwaetha'r modd.

PENNOD 6

Y Cynnig, 1762

'Ble mae'r crwt?' cwynodd y dyn ffroenuchel o'i orsedd grand o felfed glas.

'O, Dadi, dwi'n siŵr na fydd e'n hir,' meddai'r **Dywysoges Marie Antoinette.** 'Dwi wedi clywed ei fod yn **dipyn o dderyn** ac yn chwarae'r piano fel angel.'

'Wel, mae e'n hwyr, a phwy yw'r **trempyn** sy'n eistedd yn fy stafell grand? Pam mae e'n fy anwybyddu pan dwi'n siarad ag e?'

Ar ei ben ei hun yng nghornel y stafell roedd dyn hynod o flêr yn eistedd. Roedd briwsion dros ei ddillad i gyd, roedd ei wig yn debycach i nyth brân ac roedd ei sgidiau'n llawn tyllau. Yn ei law daliai hen fag llychlyd, a bwytai ddarn o fara wedi llwydo. Ei enw oedd BEETHOVEN.

Wrth weld yr ymerawdwr yn pwyntio ato o'i orsedd grand, cododd Beethoven ar ei draed. 'Eich Mawrhydi,' gwaeddodd. 'Rydych wedi darllen fy llythyr. Dwi yma i gwrdd â Mozart!'

'Ry'n ni i gyd yn aros am hwnnw,' cwynodd yr ymerawdwr o dan ei anadl.

'Esgusodwch fi, pam eich bod yn sibrwd?' atebodd Beethoven.

Roedd yr ymerawdwr ar fin codi'i ddwrn yn flin pan agorwyd drysau'r stafell grand led y pen, wrth i Cist gyhoeddi'n uchel, **'Wolfgang Amadeus Mozart!'**

Gwibiodd Cist ar draws y llawr pren, sgleiniog, taro Wolfgang a'i luchio i'r awyr, a gwibiodd hwnnw'n syth tuag at y dywysoges.

'Bei-to-fen' yw'r ffordd i ynganu Beethoven.

'O na,' llefodd Cist.

Rhedodd **Jac** a **Megan** fel y gwynt er mwyn rhwystro Mozart rhag ei tharo ... a tharo rhech yr un pryd ... ond yn ofer. Roedd Mozart **wedi'u curo**. Daeth i stop yn sydyn, plygu ar un glin wrth draed y dywysoges, cydio yn ei llaw, a'i chusanu!

Maximillian Franz (1756–1801) oedd mab ieuengaf yr Ymerawdwr Rhufeinig Sanctaidd, a brawd Marie Antoinette. Roedd Franz yn gefnogwr brwd o'r celfyddydau, ac roedd ganddo gerddorfa yn ei lys yn Bonn, yn yr Almaen. Pan oedd Beethoven yn iau, roedd yn chwarae'r fiola yn y gerddorfa. Yn 1787, rhoddodd Max saib o 6 mis i Beethoven er mwyn iddo fynd at Mozart i gael ei hyfforddi, ond bu'n rhaid i Beethoven roi'r gorau iddi oherwydd salwch ei fam.

Roedd Francis I (1708–1765), tad Marie Antoinette, yn aelod o'r teulu Habsburg. Buon nhw'n rheoli'r Almaen, Awstria, Hwngari, Sbaen a'r Iseldiroedd am ganrifoedd. Bu penaethiaid y teulu'n Ymerawdwyr Rhufeinig Sanctaidd bron yn ddi-dor rhwng 1452 a 1806.

'Helô,' meddai'r dywysoges yn chwareus **'Mae'n rhaid mai Mozart wyt ti!'**

'*Ja*, ac fe hoffwn dy briodi!' meddai Mozart, gan daro rhech – **FFWT FFWT** – yn ei gyffro.

'Bydd my merch yn Frenhines Frainc rhyw ddiwrnod!' cyhoeddodd yr ymerawdwr yn falch.

'O, fedra i ddim ei gwneud hi'n Frenhines Ffrainc, ond mi fedra i wneud iddi garu cerddoriaeth.'

'Na, *dummkopf*, bydd fy merch yn priodi Brenin Ffrainc, nid ti! Habsburgs y'n ni i gyd. Nawr, cer i chwarae'r piano, *mein junge*!'

'MOZART! MOZART!! *VAIT*!! Dwi wedi teithio pob cam o Bonn i dy weld!' gwaeddodd y dyn carpiog o gornel y stafell. Ond y cyfan wnaeth Mozart oedd syllu ar y dywysoges hardd.

'Rhag dy gywilydd yn torri ar fy nhraws!' arthiodd yr ymerawdwr at Beethoven.

'Sprechen sie,' gwaeddodd Beethoven.

'Beth? Cei di *sprechen sie*!' gwaeddodd yr ymerawdwr yn ôl.

'Pam wyt ti'n sibrwd?' holodd Beethoven.

'Druan ag e, mae ei glyw wedi mynd yn waeth,' meddai Cist yn ofidus.

'MILWYR!' Galwodd yr ymerawdwr ar y dynion wrth y drws.

Gan feddwl yn sydyn fel arweinydd ar fin codi baton, neidiodd Megan rhwng y dynion a Beethoven – roedd hi'n gwybod yn iawn beth i'w wneud. Symudodd ei dwylo'n osgeiddig, fel *balerina*. Gallai Beethoven ymateb i'r symudiadau, ac yn araf bach, dechreuodd wenu'n llydan.

Mein junge – 'fy mab' mewn Almaeneg.
Dummkopf – 'twpsyn' mewn Almaeneg.

***'Ich bin* BEETHOVEN,'** tisianodd. '*Ich* Almaenwr ac *ich* yn sâl yn aml.' Tisianodd eto.

'MEGAN YDW I,' dawnsiodd dwylo Megan wrth i Cist basio hances i'w ffrind a rhoi ***cwtsh*** cyfeillgar iddo.

'Medraf siarad **43 iaith**, ond dwi ddim wedi clywed am iaith sy'n defnyddio'r dwylo o'r blaen,' meddai Cist.

'Iaith arwyddo yw hi. Ddaru ni ei dysgu yn yr ysgol am fod un o'n ffrindiau'n fyddar, yn union fel Beethoven,' esboniodd Jac.

'Am wych,' meddai Marie Antoinette, 'ac am garedig.'

'Dylem ddysgu oddi wrth ein gilydd o hyd,' gwenodd Cist.

'Mae'n flin gen i am weiddi arnat. Wnes i ddim dy adnabod, **maestro Beethoven**. Doedd dim syniad gen i dy fod yn fyddar – rwyt ti'n cyfansoddi cerddoriaeth mor arbennig,' meddai'r ymerawdwr, yn llawn embaras.

'Cyfansoddais hanner fy ngherddoriaeth ar ôl i mi golli fy nghlyw,' atebodd Beethoven.

'*Herr* Beethoven, ti yw'r *wunderkind*,' a rhoddodd Mozart gynnig ar arwyddo, gyda help Megan.

'Maestro Mozart, **TI** yw'r cyfansoddwr gorau yn ein plith,' atebodd Beethoven, gan blygu'i ben mewn parch.

'Dim ots am hynny!' meddai Mozart, gan dynnu Beethoven ar draws y stafell grand tuag at y piano. 'Wnei di ymuno â mi mewn deuawd?'

Wunderkind – 'plentyn arbennig' mewn Almaeneg.

Eisteddodd y ddau wrth ochr ei gilydd wrth y piano, a dechrau chwarae. Ymhen dim, llenwyd y stafell gan gerddoriaeth hyfryd.

'Fi gyfansoddodd hwn'na!' meddai Mozart gan neidio i **fyny** ac i **lawr** yn frwd. '*Herr* Beethoven, dy dro ni nawr!'

Meddyliodd Beethoven am eiliad neu ddwy, chwythu'i drwyn ar lawes ei grys, ac yna dechrau twrio'n **brysur** drwy'r bag oedd wrth ei ochr.

'Beth mae e'n ei wneud?' holodd y dywysoges.

'Mae e yma'n rhywle!' mwmiodd y cyfansoddwr wrth i'r bag droi a'i gynnwys syrthio dros bob man. Syrthiodd ei gi bach i'r llawr, hyd yn oed!

BOW WOW WOW!!

'Am beth mae'n edrych?' holodd yr ymerawdwr.

'Dyma fe!' gwaeddodd Beethoven.

'Llif yw hwn'na!' meddai Jac.

'Pam mae e angen llif?' holodd Megan.

'Cewch chi weld,' meddai Cist, braidd yn ofidus.

Daeth yn amlwg mewn dim o dro beth oedd cynllun Beethoven; dechreuodd lifio coesau'r piano, fesul un.

'MILWYR, RHOWCH STOP AR HYN AR UNWAITH!' gwaeddodd yr ymerawdwr.

Ond aeth Beethoven ymlaen â'r llifio, gan fynd yn gynt ac yn gynt. Doedd neb yn gallu mynd yn agos ato. Tynnodd a haliodd goes ola'r piano, a gydag un crriiiiiiiic, syrthiodd yr offeryn trwm yn glewt i'r llawr.

THYYYYYYYYYD!

'Pa gyfansoddwr sy'n hoffi Calan Gaeaf?'
'Wn i ddim.'
'Ludwig van Beeth-ofan!'

Y consierto i'r piano rhif 24 yn C leiaf gan Mozart yw un o fy ffefrynnau. Beth am wrando arni?

Y Cynnig, 1762

'Fy mhiano annwyl!' llefodd yr ymerawdwr.

Yna, gafaelodd Beethoven yn y bwced oedd yn cadw siampên yr ymerawdwr yn oer, a'i rhoi dros ei ben, nes bod yr iâ drosto i gyd.

'A, dyna welliant!' meddai, gan ysgwyd ei gorff fel ci gwlyb. Aeth yn ôl at y piano digoesau a gorwedd wrth ei ochr. Ymestynnodd ei ddwylo at yr allweddellau a rhoi'i glustiau yn dynn wrth ochr y piano.

'Beth yn y byd mae'n ei wneud?' holodd Jac.

'Mae'n teimlo'r dirgryniadau o'r piano am nad yw'n medru clywed y gerddoriaeth,' esboniodd Cist.

'Y dirgryniadau ar yr aer yw anadl Duw yn siarad â mi. Cerddoriaeth yw iaith y nefoedd, ja,' meddai Beethoven, a dechreuodd chwarae ei gerddoriaeth nefolaidd:

'Pan o'n i'n grwtyn bach,
Fe canais yn llon ac iach.
Yn Bonn fe'm magwyd, ffrind,
Ond mae'r hen ddyddiau wedi mynd.

Mae'n drist na chlwyaf sain
Y nodau hardd a chain.
Caneuon ddaw'n ddi-baid,
Eu nodi oll sy'n rhaid.'

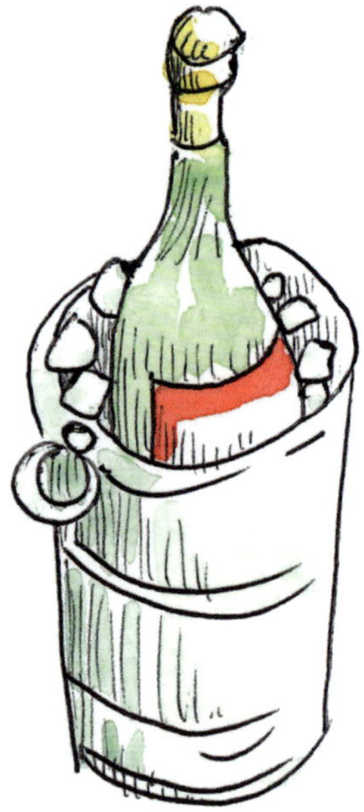

'Am athrylith!' meddai Mozart.

Roedd yr ymerawdwr a'r dywysoges wedi'u rhyfeddu.

'Mae'n dangos bod unrhyw beth yn bosib a bod rhaid rhoi cynnig arni!' gwaeddodd Jac. 'A B C – Amdani, Blant Cymru!'

'Yn hollol,' cytunodd Cist. 'Wnaeth mynd yn fyddar ddim rhwystro'r athrylith Almaenig hwn rhag cyfansoddi.

Mae'r darnau a gyfansoddodd yn mynd y tu hwnt i'r cyfnod Clasurol.'

Slawer dydd, roedd gan y rhan fwyaf o'r cyfansoddwyr noddwr – person cyfoethog fyddai'n eu talu i gyfansoddi. Un noddwr enwog oedd **Barwn Gottfried van Swieten (1733 –1803)** yn Fienna yn y 1780au. Carai gerddoriaeth; roedd yn cyfansoddi hefyd. Helpodd Mozart, Beethoven a Haydn yn ariannol. Tipyn o foi!

Yn 1820, camgymerwyd Beethoven am drempyn – mae'n stori wir! Taflwyd ef i'r carchar, er ei fod yn un o gyfansoddwyr enwocaf y cyfnod!

PENNOD 7

Tortellini Rossini

'Mamma mia! La, la, la, la, Rossini a ddaw yn y man, la, la, la, la, dwi fan hyn, fan draw ... pob man!'

'O na, gobeithio nad oes un arall o dy Glasurwyr Cyffrous yn dod i greu hafoc yn fy mhalas!' cwynodd yr ymerawdwr.

'Dwi'n amau mai hwn yw'r un mwyaf swnllyd ohonyn nhw i gyd,' atebodd Cist.

'BRAVO ROSSINI!!
Macaroni, tiramisu,
Lot o lasagna, llwyth o ragu,
Stwffio fy mol, rhaid gwneud heb lol,
Does dim cân fan hyn heb fola tyn.
O, cyfansoddi yw fy nileit i,
Brenin y gegin, brenin y gân,
Brenin y gegin,
Brenin y gân,
Brenin y gegin.
Mae 'mhlât i'n lân!

Bwyta, coginio a bwyta, coginio
a bwyta, coginio, a bwyta sydd raid.
Sgwennaf ar hast a choginio'r holl basta a
Bwyta ar hast er mwyn clirio fy mhlât.
La la la la la la la la la la la la la la la la la la la la la,
Mae unrhyw fwyd dan haenen o pesto'n
Gwneud i mi sgwennu'n gyflymach na presto!
Bravo Rossini! Gwnewch tortellini! Bravo Rossini!
Dewch â'r pesto – prestissimo!
Prestissimo
Prestissimo
Prestissimo!'

'Mamma mia!' cyhoeddodd y dyn boliog eto. Roedd ganddo wallt wedi'i siapio'n daclus fel gwallt ymerawdwr Rhufeinig, a gwthiai droli wedi'i lwytho â bwydydd blasus.

'Beth sy'n bod ar bawb? Ry'ch chi'n edrych fel petaech chi mewn angladd!'

'O ti sydd 'na,' atebodd Beethoven yn bigog, 'ein Mozart heb ymennydd, er bod yr opera yna am y barbwr yn eitha doniol mewn mannau.'

'Tortellini Rossini, **y peiriant cyfansoddi operâu** a brenin y bwrdd bwyd,' meddai Cist, gan ddechrau dewis bwyd o'r troli.

'Roedd *mamma* yn gantores opera a *papa* yn chwarae'r trwmped; mae cerddoriaeth yn fy ngwaed. Dwi'n arbenigwr ar goginio pasta a chyfansoddi. Chi, Jac a Megan o'r dyfodol – dewch i fwyta pasta gyda fi.'

Roedd tad Rossini'n chwarae'r trwmped, ac roedd hefyd yn gweithio mewn lladd-dy. Am gyfuniad!

'Signor Rossini, dwi'n bendant wedi clywed dy gerddoriaeth o'r blaen,' gwenodd Megan.

'Fantastico! Glywaist ti hynny, Beethoven? Mae'n rhaid fy mod yn osgoi mynd i Abergofiant, felly!' meddai Rossini dan wenu. 'Dwi'n mwynhau pob dim,' gwaeddodd, yna dweud mewn *subito piano*, 'heblaw am ddyddiau Gwener a'r rhif 13.'

Dim ond un opera gyfansoddodd Beethoven, ***Fidelio***, a bu wrthi am FLYNYDDOEDD. Perfformiwyd hi'n gyntaf yn 1805, ond nid oedd y fersiwn olaf wedi'i orffen tan 1814.

'Felly beth am ddydd Gwener y 13eg?' holodd Jac.

'*Mamma mia*, dyna fy hunllef waethaf!' atebodd Rossini, gan droi'n wyn fel ysbryd.

'Rwyt ti'n cyfansoddi mor chwim,' meddai Beethoven. 'Dwi'n cymryd oes – a dweud y gwir, gymrodd hi naw mlynedd i mi gyfansoddi fy unig opera ... ond roedd yn werth aros amdani. Mae'n arbennig.'

'Does dim gwahaniaeth am fy ngwaith – yn fy marn i, **Mozart** yw'r mwyaf hoffus ohonon ni i gyd!' meddai Rossini.

'O, wnei di fy mhriodi?' chwarddodd Mozart.

'Edrychwch beth sydd ar y troli!' meddai Rossini, gan dynnu esgid wydr o'r silff waelod.

'Ai esgid **Sinderela** yw honno?' holodd Megan.

'*Si, certo*,' atebodd Rossini.' Mi wnes i droi stori Sinderela'n opera – *La Cenerentola* – ac mae sawl cyfansoddwr arall hefyd wedi'i ysbrydoli gan straeon tylwyth teg. *Tutti*, beth am gael tamed o ddrama?'

Byddai Rossini yn 228 oed yn 2020, ond am ei fod wedi'i eni mewn blwyddyn naid, o wneud syms arbennig, gallwn ddysgu y byddai'n 58 yn 2020!

Roedd Rossini'n ddyn ofergoelus iawn ac roedd yn casáu dyddiau Gwener a'r rhif 13. Ond a wyddoch chi iddo farw ar ddydd Gwener, 13 Tachwedd, 1868? Rhyfedd o fyd ...

Si, certo – 'wrth gwrs' mewn Eidaleg.

Yn anffodus, ddaru Rossini a Mozart erioed cwrdd â'i gilydd, ond roedd Rossini yn meddwl y byd o Mozart a'i gerddoriaeth. Cwrddodd Beethoven a Rossini yn Fienna yn 1822, ond yn ôl Rossini roedd yn gyfarfod anodd am nad oedd Beethoven yn medru clywed dim. Dywedodd Beethoven mai am gyfnod byr y byddai operâu Rossini yn ffasiynol – wps, roedd yn bell ohoni!

PENNOD 8

Opera Tylwyth Teg

'**Beethoven** a fi fydd y ddwy lyschwaer hyll; **Jac** fydd Dandini, ffrind gorau'r tywysog; **Mozart** fydd y **tywysog; yr ymerawdwr** fydd y llystad cas (roedd gan Rossini lystad cas yn ei opera, yn lle'r llysfam gas arferol); **Megan** fydd y ddewines garedig; a'r **Dywysoges Marie Antoinette** fydd Sinderela. I'r dim!' meddai Rossini, wedi'i gyffroi.

Byddai'n well gan Megan chwarae rhan Sinderela, ond o leiaf doedd hi ddim yn un o'r ddwy lyschwaer hyll.

'Beth amdana i?' holodd Cist.

'Ti fydd y **bwmpen** fwyaf perffaith fu erioed,' atebodd Rossini'n frwd.

'Fy hoff ran!' meddai Cist mewn llais dramatig.

Pan ddaeth y *finale*, roedd pawb am weld ar droed pwy fyddai'r esgid yn ffitio.

'Fi, fi, fi!' mynnodd Beethoven, gan wthio heibio pawb, ond roedd yn amlwg nad oedd gan ei draed mawr obaith o ffitio'r esgid fach.

Ceisiodd Cist hefyd, heb lwc. Roedd peidio cael traed yn anfantais yn y sefyllfa hon.

Roedd traed pitw Megan hyd yn oed yn rhy fach. Yn y diwedd, camodd Marie Antoinette ymlaen.

'*Eins, zwei, drei,*' cyfrodd Mozart, cyn gosod yr esgid yn dyner am y droed fach.

'*Ja*, mae'n ffitio! *Brilliante*! Hwrê!' gwaeddodd Mozart.

'Hwrê!' gwaeddodd pawb, heblaw am yr ymerawdwr.

Roedd esgidiau Marie Antoinette yn mesur 21cm x 5cm. Byddai'n rhwymo bysedd ei thraed er mwyn ffitio'i hesgidiau pitw. Weithiau, fe wisgai blaen yr esgid yn unig, sef y rhan fyddai pobl yn ei gweld o dan ei sgertiau hir.

'Nawr ca i ei phriodi, o ymerawdwr annwyl?' holodd Mozart.

Tywyllodd wyneb yr ymerawdwr a gwnaeth hyn iddo edrych hyd yn oed yn fwy tebyg i lystad cas. Cipiodd yr esgid wydr oddi ar droed y dywysoges a'i lluchio ar draws llawr y palas.

Cyfansoddodd **Rossini** opera am Sinderela ddegawdau lawer cyn Disney, ond breichled, nid esgid wydr, sydd yn opera Rossini. Galwyd Rossini yn 'alarch Pesaro' ac mae'n un o gyfansoddwyr mwyaf poblogaidd hanner cyntaf y 19eg ganrif, yn enwedig gyda'i ***opera buffa*** (opera ddoniol).

'Na, **Brenhines Ffrainc fyddi di,'** meddai'r ymerawdwr yn gas wrth ei ferch.

'Ond Dad!' plediodd hi.

'Dyna ddigon! Dyna yw dy ddyletswydd! Nawr cer i dy lofft,' mynnodd yr ymerawdwr. Gan chwifio'n drist ar Mozart, rhedodd y dywysoges o'r stafell yn beichio crio, yn llusgo'i ffrog grand y tu ôl iddi.

'A chi ...' cyfarthodd yr ymerawdwr. **'Filwyr, ewch â nhw o 'ngolwg.'** Wrth i'r milwyr estyn am eu cleddyfau, gadawodd Cist a'r criw yn ddigon sydyn.

Yn 1774, priododd Marie Antoinette â Brenin Louis. Dim ond 14 oed oedd hi. Louis oedd brenin olaf Ffrainc cyn y Chwyldro Ffrengig yn 1789.

Roedd *papa* Rossini yn chwyldroadwr a byddai'r awdurdodau yn cadw llygad barcud arno. Anfonwyd *papa* i'r carchar yn 1799.

'A wela i fy nhywysoges byth **eto?'** llefodd Mozart.

'Na, gwaetha'r modd, ry'n ni'n gwybod beth ddigwyddodd iddi. Nid Sinderela mohoni mwyach; hi fydd **brenhines Ffrainc**, yn ôl dymuniad ei thad,' esboniodd Cist.

'Ond ro'n i am ei phriodi,' meddai Mozart trwy ei ddagrau.

'Mi fyddi di'n priodi **Constanza** y gantores.'

'O, da iawn – mae hi'n swnio'n hyfryd,' meddai Mozart, gan deimlo'n well yn sydyn.

'Ry'n ni wedi cael digon o antur am ddiwrnod. Gwell i ni fynd yn ôl i'r Academi,' meddai Cist. 'Pawb yn barod?'

'Dwi ar lwgu,' meddai Rossini, gan rwbio'i fol fel petai'n **ddrwm.**

'A fi,' cytunodd Cist. 'Awn ni 'nôl am damaid o'r **lasagna** yna!'

Dechreuodd Mozart chwilota'n sydyn drwy ei bocedi. 'Fedra i ddim ffeindio dim yn y pocedi 'ma!' cwynodd.

'Am beth wyt ti'n edrych, Wolfang Wyntog?' holodd Beethoven.

'Rhywbeth arbennig i Jac a Megan, fel eu bod nhw'n cofio am y cyfnod CLASUROL. A-ha!' gwaeddodd. 'Dyna lle wyt ti, fy **ffliwt hud**.'

Ac o'i boced daeth ffliwt aur a oedd fel petai'n disgleirio. Wrth i fysedd Jac a Megan gyffwrdd â'r offeryn, daeth sain hyfryd ohono a dechreuodd ddawnsio.

'Glywaist ti hwn'na?' holodd Megan.

'Mae'r ffliwt hud yn rhywbeth arbennig iawn i Mozart,' sibrydodd Rossini. 'Fe sydd wedi'i chreu ar gyfer ei opera ddiwethaf.'

'Bydd hi'n gofalu amdanoch,' ychwanegodd Mozart, 'dim ond i chi ganu'r gair hud ***Zauberflöte.***'

Wrth glywed y gair, **wiglodd** a **siglodd** y ffliwt yn nwylo Mozart, yna **chwyrlïodd** i gyfeiliant ei chân ei hun cyn glanio yn nwylo Megan.

'Cewch chi gadw'r offeryn ar yr amod eich bod yn dangos i'r byd nad oes ofn arnoch chi,' meddai Mozart.

'Diolch, Mozart. **Mae byd yr opera'n wirioneddol wych,'** meddai Megan, wedi'i syfrdanu.

'Peidiwch â deffro'r ffliwt oni bai eich bod mewn perygl. Cofiwch fod daioni a drygioni i'w cael, felly byddwch yn ofalus,' rhybuddiodd Mozart.

Die Zauberflöte – Y Ffliwt Hud – oedd opera olaf Mozart, yn 1791. Yn yr opera mae tywysog, tywysoges, sarff, brenhines gas, clychoedd hud, ac wrth gwrs, ffliwt hud.

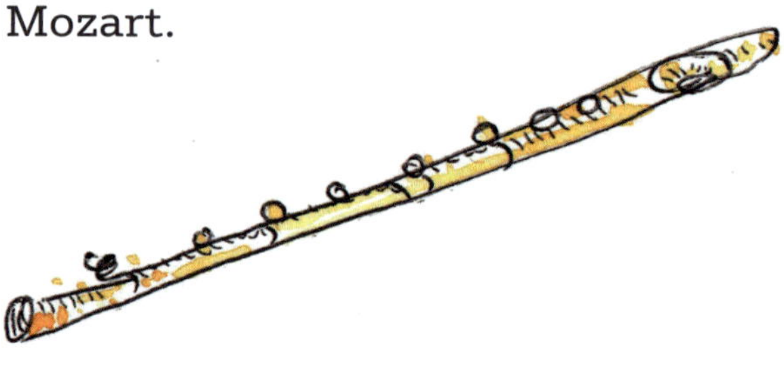

Zauberflöte – 'ffliwt hud' mewn Almaeneg.

PENNOD 9

Ymwelydd Annisgwyl

Fel petai rhywbeth, neu rywun, wedi clywed rhybudd Mozart, dechreuodd Cist simsanu a throi yn yr awyr.

'Beth sy'n digwydd, Cist?' holodd Beethoven mewn braw, gan disian yr un pryd.

'Mae rhywbeth o'i le – ***rhywbeth mawr***. Dwi'n cael fy nhynnu i'r ddaear – daw Crash!' llefodd Cist.

Paratôdd yr amigos wrth i doeon a strydoedd prysur Paris ddod yn nes ac yn nes. Gallai'r criw bach glywed simffoni o synau blin yn dod yn uwch ac yn uwch.

SMASH! Trawodd Cist y ddaear.

Ond nid un o ddamweiniau arferol Cist oedd hon gan ei fod yn crynu drosto.

'Dyw hyn ddim yn iawn,' mynnodd. 'Mae angen i ni adael!' Ond cyn i'r un ohonyn nhw symud, teimlodd Jac law dieithryn ar ei ysgwydd.

Mae iaith arwyddo'n defnyddio'r dwylo a rhannau eraill o'r corff i gyfleu geiriau, ac mae'n iaith sy'n cael ei defnyddio gan bobl ag anawsterau clyw er mwyn cyfathrebu. Beth am ddysgu mwy am yr ieithoedd arwyddo, gan gynnwys arwyddo yn Gymraeg?

Ganwyd y **Chevalier** yn Guadeloupe ar 25 Rhagfyr 1845. Roedd yn gleddyfwr penigamp a fe oedd y cyrnol croenddu cyntaf ym myddin Ffrainc.

'Mae'n beryglus fan hyn,' meddai'r diethryn wrth Jac. 'Mae'n **1789** – blwyddyn y Chwyldro Ffrengig – rhaid i chi adael!'

Rhedodd Cist at Jac er mwyn gwneud yn siŵr ei fod yn iawn. Adnabyddodd y diethryn yn syth.

'Chevalier!' meddai, gan symud llwch y stryd oddi ar ei gaead.

'Dyma Jac a Megan. Ga i eich cyflwyno chi, Jac a Megan, i **Joseph Bologne, Chevalier de Saint-Georges.** Dyma ymladdwr cleddyfau gorau'r byd, fiolinydd penigamp, cyfarwyddwr cerdd y teulu brenhinol a'r opera, ac un ohonon ni. Archarwr!' Plygodd Cist o'i flaen yn foneddigaidd.

'O Cist, roedd hwn'na braidd dros ben llestri.'

'Mae'r llyfrau hanes yn ei alw'n y **MOZART DU**, a dyw e ddim hanner mor wyntog â Wolfgang.'

'Clywais i hwn'na, Cist,' meddai Mozart, gan gamu ymlaen i gyfarch y Chevalier.

'Mae'n fraint cael cwrdd â chi o'r diwedd,' meddai Cist. 'Wnewch chi rannu'ch stori ryfeddol â Jac a Megan fel bod nhw'n gallu mynd â hi i'r dyfodol?'

'*Oui*, wrth gwrs. *Mes braves*, roedd fy mam annwyl – *ma chère mère* – yn gaethferch o'r Caribî.'

'Wir?' holodd Megan mewn rhyfeddod.

'Mae'n wir, ond roedd fy nhad yn ddyn bonheddig ac fe ddaeth â fi i Ffrainc a rhoi bywyd breintiedig i mi. Dwi wedi penderfynu gadael y palas breninhol ac ymladd dros gyfiawnder. Mae angen i bobl y byd ddangos caredigrwydd a chariad at ei gilydd,' atebodd y Chevalier.

'Dwi'n cytuno'n llwyr,' meddai Cist.

'Mae Mam-gu'n dod o'r Caribî,' esboniodd Jac.

'*Oui*, roeddwn wedi dyfalu hynny,' meddai'r Chevalier, wrth ei fodd. Cododd lawes ei grys a dangos lliw ei groen. 'Edrycha – ***regardez***, Jac – rydyn ni'r un fath!'

'Dyna grêt,' meddai Jac.

'Wn i ddim sut ddaethoch chi yma, ond rhaid i chi adael nawr. Cist, fedri di gario pawb adre?' holodd y Chevalier.

'Ddim ar y funud hon,' atebodd Cist. 'Dwi'n dal i droi fel **chwyrligwgan.**'

'Ond mae'n rhaid i ni fynd – dilynwch fi.'

Comisiynwyd ***Priodas Figaro*** gan yr Ymerawdwr Rhufeinig Sanctaidd, Joseph II, brawd Marie Antoinette. Gallwch ddarllen am ***Briodas Figaro*** ar ddiwedd y llyfr hwn. Roedd y ddrama o'r un teitl wedi ei gwahardd.

Mes braves – 'fy ffrindiau dewr' yn Ffrangeg.
Ma chère mère – 'fy mam annwyl' yn Ffrangeg.

PENNOD 10

Y Gilotîn

Rhuthrodd y **Chevalier** drwy'r strydoedd mor gyflym â Guto Nyth Brân. Galwai **'Brysiwch, brysiwch!'**, a gwibio i bob cyfeiriad, gyda Jac a Megan yn ei ddilyn.

'Ry'n ni'n dod!' gwaeddodd Cist a'r cyfansoddwyr, ond ymhen dim roedd y plant wedi diflannu i ganol torf o bobl.

'Jaaac! Meeeegan!' bloeddiodd Cist, ond heb lwc.

Yn y cyfamser, tyfodd y dyrfa o'u cwmpas.

'Chevalier!' gwaeddodd y plant, ond doedd dim sôn amdano.

Fel yn yr amgueddfa brysur yn Llundain, roedd Jac a Megan ar goll, ond roedd ofn arnyn nhw y tro hwn wrth i'r dyrfa flin glosio atyn nhw. Mewn panig, dringodd y ddau ar lwyfan bren o'u blaenau gan obeithio mai ffordd o ddianc oedd hi, ond roedd y peth oedd ar y llwyfan wedi codi braw go iawn arnyn nhw – GILOTÎN gwaedlyd.

'Torrwch eu pennau!' meddai rhywun o'r dorf, gan feddwl eu bod yn foneddigion, o weld eu dillad.

'Dewch o'na, dwi ar frys,' cwynodd y dienyddiwr brwd.

'Torrwch eu pennau!' meddai llais arall, eto fyth.

'Esgusodwch fi, *monsieur* dienyddiwr, ond ry'ch chi wedi gwneud camgymeriad,' plediodd Jac.

'Doniol iawn. **Oui**, dyna beth maen nhw i gyd yn ei ddweud,' chwarddodd y dienyddiwr. 'Nawr, peidiwch â symud, ***garçon***, er mwyn i mi gael torri'n iawn ... dwi wedi llwyddo bob tro hyd yn hyn.'

Roedd Beethoven yn cefnogi'r Chwyldro Ffrengig a chyflwynodd ei drydedd simffoni, *Eroica*, i Napoleon.

Rhedwr cyflym iawn o ardal y Porth yn y Rhondda oedd Guto Nyth Brân (Griffith Morgan, 1700-1737). Mae sôn y gallai redeg yn gynt na sgwarnog!

Teulu'r Sanson oedd y dienyddwyr swyddogol rhwng 1792 a 1847, gan roi Brenin Louis XIV, Marie Antoinette, a miloedd o rai eraill, o dan lafn y gilotîn yn ystod y Chwyldro Ffrengig.

'HEEEEEEEEEELLLLLLLLP!!' gwaeddodd y plant.

'Allwn ni golli ein harwyr bach!' meddai Cist, bron mewn dagrau wrth iddo weld beth oedd yn digwydd.

'Deffra'r ffliwt hud!' gwaeddodd Mozart.

'Megan, deffra'r ffliwt, cyn i ni golli'n pennau!' meddai Jac wrth ei ffrind.

Estynnodd Megan i'w phoced ôl a gafael yn y **ffliwt**. Canodd y gair hud: ***'Zauberflöte!'*** Ac fel rocet, saethodd y ffliwt o'i dwylo a mynd yn syth tuag at y dienyddiwr, gan **ddawnsio** o'i amgylch. Symudodd hwnnw ei law dde â sigl, yna ei droed chwith â wigl, yna ei drwyn, ei lygaid a blew ei amrannau â jigl. Mewn eiliad, siglai o'i gorun i'w sawdl!

'Da iawn ti, ffliwt hud,' gwaeddodd Cist ... ond yr eiliad nesa, dechreuodd y ffliwt grynu, ac fe syrthiodd i'r ddaear. Wedi un ochenaid olaf, tawodd yn llwyr. Yna newidiodd siâp genau'r ffliwt, a gyda tharan ***FORTISSISSIMO***, beth ddaeth o'r ffliwt fud ond creadigaeth fwyaf creulon Mozart – **Brenhines y Nos!**

Mewn gwisg o blu, hedfanodd fel fultur enfawr tuag at Jac a Megan.

'Dyma drwbwl,' meddai Mozart dan grynu.

'Dyma fi – wedi dod 'nôl, mor greulon ag erioed!' meddai'r frenhines gan gecian.

'Pwy ydech chi?' holodd Megan yn ddewr.

'Fi yw Brenhines y Nos, a **FI sydd pia'r opera!'**

'Cawn ni weld am hynny,' meddai Cist gan wibio drwy'r awyr tuag at y Frenhines. Ond gydag un snap o'i bysedd main, rhewodd Cist yn y fan a'r lle.

'Hm hm hm hm,' mwmiodd hwnnw, gan hongian yn yr awyr.

'O, bydd dawel, yr hen focs rhydlyd!' poerodd y Frenhines.

Fortissississimo – gwirion o uchel; mor uchel nes bod eich clustiau'n ffrwydro.

'O, dial wnaf, chi bobl ddrewllyd, gwirion,
Y fi sy'n ennill!
Does dim gobaith i chi – wel dyna ewn!
Dim gobaith, wir, fy ngrymoedd fydd yn maeddu,
fy ngrymoedd fydd yn maeddu.
Fi sydd pia'r gân, a fi a fydd yn ben.
Distrywiaf i
Y digywilydd blantos hy.
Ahhhhhh ah ah ah ah ah ahhhhhhhh
Fi, Frenhines y Nos.
Ahhhhh ahhhhh
Nawr, boed i'r gilotîn
Dorri'r ddau ben!'

Tra bod y Frenhines wrthi'n canu ei nodau gwirion – ond anhygoel – o uchel, roedd y Chevalier wedi cael gafael ar y ffliwt.

'Mae ein harwyr opera dy angen di,' sibrydodd, ond roedd y **ffliwt** yn rhy wan i seinio'r un nodyn. 'Dim ond dy gân a dy garedigrwydd di wnaiff drechu'r Frenhines gas,' mynnodd, ond aros yn dawel wnaeth y ffliwt.

O'r dorf gynhyrfus, daeth Rossini, Beethoven a Mozart i'r golwg.

'Gallwn ni wneud hyn gyda'n gilydd!' meddai Rossini.

'Falle mai ni yw'r **Clasurwyr Cyffrous**, ond ni hefyd yw **A B C** yr opera, a does neb yn medru ein rhwystro. Cofiwch, **Amdani, Blant Cymru!**' meddai Beethoven. 'Achubodd Jac a Megan ni a'n cerddoriaeth; nawr mae'n rhaid i ni eu hachub nhw!'

Camodd **Mozart** ymlaen a gafael yn llaw'r **Cavalier**. Daliodd hwnnw law **Rossini**, a daliodd Rossini law **Beethoven**. Dechreuodd y pedwar cyfansoddwr ganu, a gyda phob nodyn, roedd y ffliwt yn mynd yn gryfach ac yn gryfach, nes ei bod yn dechrau symud eto.

'La La La La La ♪ ♪ ♪ ♪'

'Cana, yr un fach ddewr, er mwyn achub Jac a Megan,' anogodd y Chevalier.

Wrth glywed cân hudolus y ffliwt, cipiodd y Frenhines y plant. 'Gwrandewch – dwi'n casáu plant, ac mae dau yn ormod i mi i'w bwyta, ond mae gen i gynnig ardderchog i chi,' poerodd.

'Beth yw hwnnw?' holodd Jac.

'HELPWCH FI I DDINISTRIO'R ACADEMI!!'

'Byth! Cyfansoddwyr yr Academi yw'n ffrindiau. Helpwn ni byth mohonot, yr hen deyrn! Ry'n ni am i'r opera barhau am byth. Wnaethon ni addo i Professore Peri, a dy'n ni byth yn torri ein haddewidion,' mynnodd Jac.

'♪ Hm, hm, hm, hm, hm, hm ♫,' cytunodd Cist.

'Dangosa i pwy yw'r BÒS – **fi! Nid y criw yma â'u gwalltiau gwirion!'**

Gan sugno llond ysgyfaint o aer, **WWWWWWWFFFFF**, dechreuodd y Frenhines ganu ar dop ei llais:

'BRRRRRRRRRRRRZZZZZZZZZOOOOOOOMMMMMMMMMM!'

I fyny ac i fyny ac i fyny aeth ei llais, hyd at y nodyn uchaf a glywyd erioed. Fyddai'r un ci, hyd yn oed, yn medru clywed y nodyn hwnnw!

'LAAAAAAAAAAAAAAAAAA!'

'BWWWWWWWWWW!' cwynodd y dorf wrth wasgu eu dwylo am eu clustiau'n dynn.

'Caewch eich cegau, y twpsod. Does dim syniad gennych beth yw talent go iawn,' meddai, gan dynnu anadl ddofn eto er mwyn cyrraedd y nodau uchel.

Arhosodd y dorf am y sain, ond y cyfan ddaeth oedd un wich bitw fach. 'Iiiiiic!' Chwarddodd pawb.

'Beth sydd wedi digwydd i fy llais?' gwichiodd y Frenhines.

'Yn enw'r **Academi**, dwi'n gorchymyn dy fod yn **stopio ar unwaith!'** Roedd pawb yn yr Academi'n adnabod y llais hwnnw.

A all llais canwr neu gantores opera chwalu gwydr? Na, does dim gwahaniaeth pa mor uchel yw'r nodyn, os nad yw'r traw ac amledd cyseiniant y gwydr yr un peth, bydd y gwydr yn adlewyrchu rhan fwyaf o'r egni, ac ni fydd yn torri. Ond, gall llais canu dynol dorri gwydr os yw'r amledd cyseiniant yn iawn.

Yn arnofio uwchben y Frenhines gas roedd Capten y Clasurwyr Cyffrous, **Haydn ar Hast**, gyda **Professore Peri**.

Glaniodd Hayn a Peri y drws nesa i'r Frenhines, a oedd erbyn hyn yn crynu mewn ofn. Helpodd y ddau Jac a Megan ar eu traed. Roedd gan Peri ei faton hud, a chydag un curiad pendant, daeth â Cist ato'i hun, wedi i'r Frenhines gas ei rewi â'i bysedd main.

'D-d-diolch, bòs,' mwmiodd Cist, dal yn teimlo braidd fel chwyrligwgan.

'Frenhines y Nos, rydych chi wedi trio difa byd ein hopera annwyl, a rhoi braw i'n harwyr bach, ond methu wnaethoch chi,' meddai Haydn ar Hast.

'Bydd cerddoriaeth a chyfeillgarwch wastad yn gryfach na'r un ohonon ni,' ychwanegodd Peri, 'ond gan nad ydych chi'ch parchu'r un ohonyn nhw, rwy'n eich erlid i ABERGOFIANT at y lleill sydd wedi ceisio dinistrio'r Academi dros y blynyddoedd.'

'Na, Professore, nid i Abergofiant!' gwichiodd y Frenhines.

'Cewch gyfle i feddwl am eich gweithredoedd,' atebodd Peri. Chwifiodd ei faton unwaith yn rhagor, a diflannodd y Frenhines.

'Hwrêêêêêê!' gwaeddodd Mozart, ac ymunodd pawb yn y dathlu.

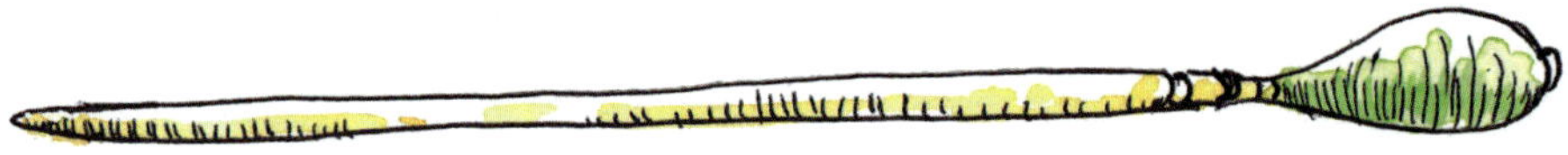

Rhuthrodd y cyfansoddwyr at Jac a Megan er mwyn gwneud yn siŵr eu bod nhw'n iawn, a gofalodd Mozart fod y Frenhines wedi mynd, o'r diwedd.

'Cist, cer â'r CLASURWYR CYFFROUS gartref, plis,' meddai Peri.

'Un funud, fy arwyr.' Camodd y Chevalier yn ei flaen a rhoi ei hoff fedalau i Jac a Megan. 'Caredigrwydd, dewrder, a cherddoriaeth, wrth gwrs, yw ystyr y medalau hyn, Gwisgwch nhw â balchder wrth i chi rannu ein straeon a'n cerddoriaeth.'

Tisianodd Beethoven a diolch i Megan am fod yn garedig tuag ato yn y palas. Rhoddodd Rossini becyn o fwyd iddyn nhw ar gyfer eu siwrne adre, a'u hatgoffa mai dim ond cerddoriaeth wael sy'n ddiflas, a bod cerddoriaeth dda yn llawn hwyl. Ffarweliodd Wolfgang Wyntog â nhw drwy daro rhech hwyl fawr. ***BRRRRRRRRRRRRRR***

'Os wyt ti am gael dy achub unrhyw bryd, Cist, rho wybod,' meddai Jac.

'Mi wna i, wrth gwrs,' atebodd Cist, gan drio peidio crio wrth roi cwtsh mawr i'w ffrindiau dewr.

Roedd Jac a Megan yn ysu am gael aros, ond gydag un curiad arall gan faton Peri, roedden nhw yn ôl yn yr amgueddfa yn Llundain.

Ystyr **'baton'** yw **'bòs'**, a dyma'r ffon y mae'r arweinydd yn ei defnyddio wrth arwain ei gerddorfa a'i gantorion mewn opera. Dyfeisiwyd y gair tua 1810.

PENNOD 11

Dod yn Ôl

'Aw', meddai Jac gan rwbio'i ben.

'Jac, mae'r cwpwrdd yn wag,' sylwodd Megan.

'Ydi, am fod Cist wedi gadael yr amgueddfa a mynd 'nôl i'r Academi,' esboniodd Jac.

'Yn hollol, diolch i chi,' meddai dyn â **gwallt golau** a ymddangosodd yn sydyn wrth eu hochr. 'Dylech chi ddim fod yn y rhan yma o'r amgueddfa ar eich pennau eich hunain, er ei bod yn hudolus iawn yma.'

'Yden ni'n eich adnabod chi?' holodd Megan.

'Dwi'n gobeithio eich bod wedi mwynhau'r cyfnod Clasurol cymaint â'r **Baróc**, ac mae'r cyfnodau ***Rhamantaidd*** a **Modern** yn aros amdanoch o hyd. Ond am y tro, *ciao ragazzi*, daliwch ati i rannu'n straeon, fy arwyr!'

Cyn iddyn nhw fedru dweud ***professore***, roedd y gŵr wedi diflannu.

'Roedd Mam-gu'n llygad ei lle – dyw amgueddfeydd ddim yn ddiflas,' meddai Jac.

'Dywedais i hynny,' cytunodd Megan, gan ddal yn dynn yn y **ffliwt hud** wrth iddyn nhw ruthro i gyrraedd eu ffrindiau ysgol.

'Dewch, Jac a Megan,' gwaeddodd Mr Williams. 'Y ddau olaf, fel arfer.' Yna sylwodd ar y ffliwt aur. 'Da iawn ti am baratoi mewn da bryd,' meddai wrth Megan.

'Paratoi, Syr?'

'Ti'n cofio? Gwersi ffliwt i bawb fore Llun, ar gyfer yr eisteddfod!'

La Fine – Das Ende – Y Diwedd

Dyna ni'r ABC,
Academi Benwan y Cyfansoddwyr,
Gawson ni gân lawn sbri,
A chwrdd â sawl Clasurwr ar ein taith ...
Haydn yr athrylith, Rossini gyda'i fwyd,
A Beethoven a Mozart gyda'u nodau yn llawn nwyd,
Brenhines gas a chreulon, Chevalier sydd mor ciwt,
A Professore Peri ... heb anghofio stori'r ffliwt!

Canwch A ... A
Canwch B... B
Canwch C... C

Dyma A B C yr Opera.

Y Cyfnod Clasurol (1750–1820)

Am beth mae'r stori hon, felly? Wel, cerddoriaeth o'r cyfnod Clasurol yw cerddoriaeth **Glasurol**, fel mae cerddoriaeth Faróc yn perthyn i'r cyfnod Baróc. **Bingo!** Ond, mae'r gair 'clasurol' hefyd yn enw cyffredinol sy'n disgrifio cerddoriaeth gerddorfaol (sy'n cael ei chwarae gan grŵp o offerynnau) a cherddoriaeth leisiol, fel opera. Dysgodd y cyfansoddwyr clasurol lawer o'r cyfnod Baróc, gan greu arddull ysgafnach, mwy urddasol a llai crand. Daeth operâu mwy doniol, *opera buffa*, yn boblogaidd yn y cyfnod hwn, fel *Priodas Figaro* ar dud. 69. Roedd y simffoni a'r consierto hefyd yn boblogaidd.

Darn o gerddoriaeth ar gyfer un offeryn (fel piano) yw **consierto**, gyda cherddorfa'n cyfeilio.

Gwaith cerddorol ar gyfer cerddorfa yw **simffoni**, ac mae ganddi bedair rhan sy'n newid o ran thema a chyflymder (tempo):

Symudiad 1af – Allegro – cerddoriaeth i roi dechrau bywiog i'r simffoni. (Ystyr allegro mewn Eidaleg yw 'llon'.)

2il symudiad – Adagio (yn araf) neu **andante** (cyflymder cerdded). Mae hon yn rhan arafach a hamddenol.

3ydd symudiad – Allegro neu scherzo (rhan fach ysgafn, chwareus).

4ydd symudiad – Finale uchel a chyffrous (er mwyn deffro pawb), i'n hatgoffa ei bod hi bron yn amser mynd adref.

Daeth y cyfnod Clasurol i ben gyda Beethoven Blin. Roedd ei gerddoriaeth e mor wahanol nes iddi gael enw newydd – **RHAMANTAIDD** – a honno fydd antur nesaf Jac a Megan!

Offerynnau newydd yn y Gerddorfa Glasurol

Piano, neu'r **pianoforte**, sef ei enw'n wreiddiol. Dyfeisiwyd y piano tua 1700, gan gymryd lle'r harpsicord yn ystod y cyfnod Clasurol. Yn hytrach na thynnu'r tannau, mae'r piano'n defnyddio morthwylion i'w taro, sy'n golygu y gall y cyfansoddwr chwarae'n gryf neu'n dawel. Rhoddodd hyn fwy o gyfle i'r cyfansoddwyr fynegi eu hunain a rhoi naws wahanol i'w darnau.

Clarinét

Dyfeisiwyd y clarinét, sy'n aelod o deulu'r chwythbrennau, fel y ffliwt, tua 1700 a daeth yn boblogaidd tua diwedd y ganrif, gan ddod yn offeryn allweddol yn y gerddorfa Glasurol.

Corn Ffrengig

Mae'r corn Ffrengig, sy'n offeryn pres, yn perthyn i'r hen gyrn hela Ffrengig. Daeth yn offeryn canolog yn y gerddorfa Glasurol.

Y Cyfansoddwyr

Wolfgang Wyntog

Enw llawn: Johannes Chrysostomus Wolfgangus Theophilus Mozart.
Llysenw: Wolfgang Wyntog neu *Wunderkind*.
Cenedl: Awstriad.
Ganwyd: Salzburg, Awstria, 27 Ionawr 1756.
Claddwyd: Fienna, Awstria, 1791.
Arwydd y sidydd: Y cariwr dŵr.
Hoff liw: Coch.
Swyddi: Cyfansoddwr, pianydd, athro.
Gwraig: Constanze Weber.
Plant: 6. Yn drist iawn, bu farw 4 o'r 6 pan oedden nhw'n blant.
Ffrindiau gorau: Ei anifeiliaid anwes – cŵn, ceffyl, sioncyn y gwair a haid o adar – a'i fam.
Hoff fwyd: Afu, twmplenni a *sauerkraut*.
Operâu: *Apollo et Hyacinthus*, *Bastien et Bastienne*, *Cosi fan Tutte*, *Der Schauspieldirektor*, *Y Ffliwt Hud*, *Priodas Figaro*, a sawl un arall.
Swydd yn yr Academi: Dysgu ieithoedd modern (dysgodd Mozart 15 iaith – arbennig iawn!).

Beethoven Blin

Enw llawn: Ludwig Van Beethoven.
Llysenw: Yr Ymerawdwr.
Cenedl: Almaenwr.
Ganwyd: Bonn, yr Almaen, 16 Rhagfyr 1770.
Claddwyd: Fienna, Awstria, 29 Mawrth 1827 (daeth miloedd i'r strydoedd i wylio'r orymdaith angladdol).
Arwydd y sidydd: Y saethydd.
Hoff liw: Du (roedd Beethoven yn ddigalon yn aml a theimlai fod y byd yn ddi-liw).
Swyddi: Cyfansoddwr a phianydd.
Gwraig: Ni phriododd Beethoven, ond cyfansoddodd sawl darn rhamantaid i Nanette Stricher.
Ffrindiau gorau: Stephan von Breuning. (Bu'n rhaid i Stephan oddef hwyliau drwg a da Beethoven, ond dyna a wna ffrindiau go iawn.)
Hoff fwyd: Caws macaroni, cawl yn llawn wyau, pysgod a thatws ... a lot o win o Awstria.
Operâu: *Fidelio* (cymerodd 6 blynedd i gyfansoddi ei unig opera – am berffeithydd!). Cyfansoddodd hefyd sawl darn hyfryd, fel *Für Elise* – ewch i wrando arno.
Swydd yn yr Academi: Cyfarwyddwr natur (hoffai Beethoven gerdded yn yr awyr iach ac roedd byd natur yn ysbrydoliaeth fawr iddo).

Tortellini Rossini

Enw llawn: Gioachino Antonio Rossini.
Llysenw: *Monsieur Crescendo* (Mr Sain yn Cryfhau).
Cenedl: Eidalwr.
Ganwyd: Pesaro, yr Eidal, 29 Chwefror 1792.
Claddwyd: 13 Tachwedd 1868 ym Mharis, ond fe'i claddwyd eto, 2 Mai, yn Basilica de Santa Croce, Fflorens (roedd yr Eidalwyr am ei gael yn ôl).
Arwydd y sidydd: Y pysgodyn – roedd yn rhaid iddo fod yn fath o fwyd!
Swyddi: Bwyta, yfed ... a chyfansoddi'n wych.
Gwraig: Isabella Colbran, cantores opera, fel ei fam. Yn ddiweddarach priododd Olympe Pélissier.
Ffrindiau gorau: Antonin Carême, y cogyff gwych. Cyfansoddodd Rossini aria yn arbennig iddo.
Ffaith ffraeth: Wedi iddo farw, defnyddiwyd arian Rossini i sefydlu cartref i gantorion opera wedi ymddeol.
Hoff fwyd: Enwyd seigiau ar ei ôl – *Tournedos Rossini* a wyau Rossini.
Operâu: 39 ohonyn nhw, gan gynnwys *Y Barbwr o Seville*, *L'italiana in Algeri* a *La Cenerentola* (Sinderela).
Swydd yn yr Academi: Pennaeth arlwyo.

Y Cyfansoddwyr

Haydn ar Hast

Enw llawn: Franz Joseph Haydn.
Llysenw: *Papa Haydn* (roedd wastad yn gofalu am y cerddorion eraill).
Cenedl: Awstriad.
Ganwyd: Rohrau, Awstria, 31 Mawrth 1732.
Claddwyd: Fienna, Awstria, 31 Mai 1809.
Arwydd y sidydd: Yr hwrdd (ond doedd hwn ddim yn un am ddilyn y praidd).
Swyddi: Cyfansoddwr, athro, tynnwr coes.
Gwraig: Maria Anna Aloysia Apollonia Keller
Plant: 1 mab, Alois Anton Nikolaus Polzelli
Ffrindiau gorau: Wolfgang Wyntog. Cwrddodd y ddau tua 1781 a dod yn ffrindiau'n syth.
Hoff fwyd: Byddai'n mwynhau gwydraid o win a darn o fara cyn mynd i'r gwely er mwyn ei helpu i gysgu.
Operâu: 26, gan gynnws *Orfeo ed Euridice*. Cyfansoddodd 107 simffoni, 83 pedwarawd llinynnol, 45 triawd piano. 62 sonata i'r piano a 14 offeren.
Swydd yn yr Academi: Cyfarwyddwr tynnu coes (dwi wedi'ch rhybuddio!).

Chevalier Siapus

Enw llawn: Joseph Bologne, Chevalier de Saint-Georges.
Llysenw: Y Mozart Du.
Cenedl: Ffrancwr o'r Caribî.
Ganwyd: Baillif, Guadeloupe, 25 Rhagfyr 1745.
Claddwyd: Paris, Ffrainc, 10 Mehefin 1799.
Arwydd y sidydd: Yr afr (yn llawn uchelgais – dyna'r Chevalier i'r dim).
Swyddi: Ymladdwr cleddyfau, cyfansoddwr, fiolinydd, arweinydd, sglefriwr, a bu'n brwydro yn erbyn caethwasiaeth.
Gwraig: Elizabeth Françoise Jeanne Mérican.
Plant: Elizabeth Bénédictine de Bologne.
Ffrindiau gorau: George, Tywysog Lloegr (a Thywysog Cymru).
Ffaith ffraeth: Roedd yn olygus iawn ac yn ddawnsiwr rhagorol. Gallai wneud UNRHYW BETH. Roedd Wolfgang yn eiddigeddus iawn ohono ond roedd Marie Antoniette yn meddwl y byd o'i ffrind golygus!
Operâu: *L'Amant Anonyme* ('Y Cariad Anhysbys').
Swydd yn yr Academi: Dysgu ymarfer corff a sgiliau hunanamddiffyn.

Professore Peri

Dyfeisiwr yr Opera

Enw llawn: Jacopo Peri.
Llysenw: *Il Zazzerino* (neu Eurwallt).
Cenedl: Eidalwr.
Ganwyd: Rhufain, yr Eidal, 1561.
Claddwyd: Fflorens, yr Eidal, 1633.
Arwydd y sidydd: Y llew (â'r mwng euraid!).
Swyddi: Canwr, actor, organydd, cyfansoddwr.
Ffrindiau: Camerata di Bardi, gan gynnwys Galileo (darllenwch amdano).
Ffrindiau gorau: Jacopo Corsi a'r Iarll Giovanni de Bardi – bois da!
Hoff fwyd: Cyw iâr Peri Peri.
Operâu: *Dafne* (1598), *Euridice* (1600), *La Flora* (1628).
Swydd yn yr Academi: Y prifathro (y bòs!).